暮らしのなかの〈いのち〉論

田代俊孝
Shunkō Tashiro

方丈堂出版
Octave

暮らしのなかの〈いのち〉論

暮らしのなかの〈いのち〉論＊目次

はじめに　7

I

〝死〟を想う……………………………11

野辺の送り　11
如意なるもの・不如意なるもの　13

デス・エデュケーション……………………16

涙の出るいのち　16
デス・エデュケーション　19
ビハーラ医療団の試み　24

ある老人ホームの嘱託医からの問い——仏教と在宅医療——…29

ある老人ホームの嘱託医からの問い　29
仏教は癒しの道具ではない　31
生と死の意味を問う　32

目　次

ビハーラ往生のすすめ……………………35
生も死も不思議な縁起　35
老いも病も死も当たり前　38
臨終まつことなし……………………42
いのちの「有難さ」知る　42
無生無死に目覚めよ　46
「津久井やまゆり園事件」に思う……………51
人は存在そのものに意味がある　51
矛盾に満ちた自己を知る　54

II

映画『おくりびと』と青木新門著『納棺夫日記』…………59
連城三紀彦さんを偲ぶ——得度記念日に——　63
分析家・河合隼雄と仏教　67
「師のことば」・目幸黙僊師を偲んで　73
■初出一覧　78

はじめに

私は拙いながらも永年、真宗学（親鸞の仏教学）を主専攻として学びを続けてきた。そして、その展開や応用として、死生学、ビハーラ、生命倫理学など、いわゆる「いのち」の学を、サブ専攻として学んできた。これらは、新しい分野であり、関係する学会や研究会の設立にも関わって多くの繋がりを得た。そして、それらを開かれたものにするには、市民や社会に関わりながら研究を深めていかねばならなかった。そのためのよきパートナーが新聞社や出版社であった。とりわけ、中日新聞社の文化部とは、長いお付き合いである。研究会や学会のお知らせ、さらに取材などをよくお願いした。

私は、大学院生のころ、京都の仏教書出版社で、小さな雑誌を自身で企画し、編集していた。そのエディターとしての繋がりもあってか、名古屋の同朋大学に勤めた当初から、中日新聞社（『中日新聞』『東京新聞』『北陸中日新聞』）とのお付き合いは始まった。請われるままに、朝刊の宗教欄や夕刊の文化欄などによく寄稿し、また、連載を頼まれたりもした。

本書には、第一部に近年に書いた「いのち」に関する六篇を収載した。『中日新聞』に書いたものの中から四篇、他の雑誌に書いたものから二篇を選んだ。暮らしの中で思索した〈いのち〉論である。それぞれ独立して書いており、そのため文章や内容に重複があることをお許しいただきたい。第二部には、映画『おくりびと』の評論と直木賞作家の連城三紀彦《れんじょうみきひこ》さん、元文化庁長官で心理学者の河合隼雄《かわいはやお》先生、カリフォルニア州立大学教授で仏教学・ユング心理学の権威であった目幸默僊《みゆきもくせん》先生の追悼文を収めた。前三文は『中日新聞』、後一文は『同朋新聞』（東本願寺）に掲載したものである。私は、この三人のいずれの方とも関係が深かった。連城三紀彦さんは、同朋大学の私の教室で仏教を学ばれた。そして、得度を希望されたので、私の寺の所属僧（衆徒）になった。目幸黙僊先生は、私に〝開かれた仏教研究〞の方法論を教えてくださり、アメリカ留学の招聘者になってくださった。河合隼雄先生は、目幸黙僊先生を通して出会った。そして、仏教とユング心理学の関係から、仏教の応用、展開の学際的方法論を指南していただいた。これらの方たちへの学恩を謝し、改めて讃えたいとの思いで、本書に収めることにした。

読者が、暮らしのなかで身近なことを通して、〈いのち〉を思索する手がかりとして本書をお読みくだされば幸甚である。本書の出版にあたっては方丈堂出版の上別府茂氏の労をわずらわした。記して謝す。

仁愛大学（福井県越前市）で窓の雪を眺めつつ

田代俊孝

I

〝死〟を想う

野辺の送り

私は今、三重県の桑名から少し山の中に入った所にあるお寺に住んでいる。この地方では今から三十数年くらい前までは〝野辺の送り〟であった。誰かが亡くなると、お家で出棺《かん》のお勤めをし、お棺を朱色の台車に載せ、行列を組んで村はずれのお墓まで行った。お墓で葬場《そうじょう》勤行をし、それが済むと石で作られた荼毘《だび》所で火葬にした。遺体の上に藁《わら》や薪《まき》を載せ、それに喪主が火をつけると白い煙がもくもくと上った。それを参列の者のすべてが見守った。はじめてその光景を見たとき、私は、寂寥《せきりょう》感ととともに、何か言い知れぬ情感をおぼえた。そのとき、亡くなった人は私と歳の変わらない人であった。それは、文字通り、あの蓮如（一四一五〜一四九九）の「白骨の御文《おふみ》」にあるような、「野外におくりて、夜半《よわ》のけぶりとなしはてぬれば、ただ白骨のみぞのこれり」という光景であった。しかし、私はそのとき、亡くなった人には申し訳なかったが、不思議にも、私自身が生きていることを実感した。

目の前の死を見つめたとき、逆に、この私も、いつこのように死んでも不思議でない身であると知った。誕生の瞬間からいつ死んでも不思議でない私が、今、ここに生きている。それと同時に、「朝《あした》には紅顔ありて、夕べには白骨となれる身なり」と言われるように、明日ありともわからない命であることがわかった。そして、大事なことを先送りして、いたずらに日々を過ごしている自分のあり様が問われた。

このとき、周りの人は、思いがけない出来事に涙を流している。死は「思いがけないこと」、「思いもよらないこと」、つまり、思いを超えた出来事である。私は、月にロケットが行く時代に、おおよそなんでも思い通りになると思っていた。しかし、「命」が思い通りにならないものであることも知らされた。無常なる事実によって、「移り変わらない」という私の〝思い〟は破れた。

如意なるもの・不如意なるもの

清澤満之《まんし》（一八六三～一九〇三）は言う、「如意なるものあり、不如意なるものあり。この区分を誤想するとき苦悶《くもん》を免がるる能《あた》はじ」（『有限無限録』取意）と。思い通りにならない死を思い通りになると思うから苦になるのである。思い通りにならない死を思い通りにならないと知っていくことが死を超えていく道である。

頭でっかちになった現代人は、命を所有化し、自分の命は自分のものと思っている。ならば、自分で思い通りにここに生まれてきたのか、また、思い通りに死んでいけるのか。父があり、母があり、祖父があり、祖母があり、連綿と続くご縁の連続によって、今、ここに生を受けている。また、死すべき縁があって死んでいくのである。縁起の法の中に生かされている。誕生も、死も思いを超えたものである。思いがけず生まれてきたのに、三歳か四歳になって自我が芽生えてから、自分のいのちと言っているにすぎないのである。私はこの半生、誕生の瞬間から今日まで、毎日毎日思いがけないことの連続であった。気づいてみれば思いを超えた大きな、大きな用《はたら》きの中に生かされていたのである。「絶対無限の妙用《みょうゆう》」の中に生かされていたのである。このとき、やっと不可称不可説不可思議の世界があることに気づかされた。

念仏は義なきをもって義とす。不可称不可説不可思議のゆえにとおおせそうらいき。（『歎異抄』）

はからいを超えた思議すべからざる仏のみ手の中に生かされながら、その中で命の長短にとらわれ、右往左往していたのである。身近な死を自分ごとと考える。つまり、死を一人称で見たとき、それまでとは違った世界に気づく。三人称で考えるかぎり、命はモノとなる。

死をタブー視して、見つめようとしない現代人に清澤満之は、生のみがわれらにあらず、死もまたわれらなり。（『絶対他力の大道』）

と言い、

宗教は死生の問題に就いて安心立命せしむるもの也（『保養雑記』）

と言う。生と死は紙の表裏のようなものである。死に応えうる生に出遇うことこそが、われわれの求めるところである。

いみじくも、『論語』には、

未だ生を知らず、いずくんぞ死を死らんや（「先進篇」）

と言う。これは対偶《たいぐう》命題であり、すでに死を知らば、よく生を知ることになると言うのである。

デス・エデュケーション

涙の出るいのち

科学万能の現代社会の中で、なお、科学で説明がつかないのが、ひと、こころ、いのちなどである。「いのち」と「生命」は意味合いが違う。「生命」は科学的な意味合いがある。「いのち」という言葉には情緒的な意味合いが含まれる。たとえば、「いのちがけ」とか、「いのちを削る」と言って本当に生命をかけたり、削ったりしたら大変である。「いのち」という言葉には、それでたとえられる「大切なもの」が表現されているのである。

科学は、物質（モノ）をすべての存在の基本と考え、人間の見方に関係なく、その物質は絶対に存在する。つまり、「ある」と考えるのである。そして、すべてを客観的に対象化し、それを分析し、数値化する。それがモノ化である。そのデータから仮説を立て法則を導き、実験をして証明するという手法を用いる。したがって、そうでないものは「非科学的」として問題にされない。そして数値化したものは、右肩上がりに引き伸ばせば、成長したと見、幸福になるという考え方に立つ。私たちはいのちをモノ化、数値化し、右肩上がりにして「豊かな長寿社会」を目指してきた。そして、立派な施設を作り、長寿社会を実現した。しかし、そこにこころの豊かさやいのちの充足感はなかった。欲望が無限である限り、現実は多くの人が、「こんなはずではなかった」と立派な施設で不本意な死を迎えている。何が欠けていたのだろうか。

「いのち」はモノではない。「いのち」には涙がある。「生命」は学校で理科の時間に教えてくれる。しかし、「涙の出るいのち」は教えてくれない。強いて言えば、国語の時間に教えているのだろうが、「非科学的なもの」は軽視されがちである。

かつては、家庭の暮らしの中で自然と「涙の出るいのち」を教えられた。人は家で亡くなり、家族みんなで涙を流し、看《み》取りをし、湯棺《ゆかん》をした。幼くともいのちに出遇った。そして、人は死ぬ、自分も死ぬ身であると知った。それは、痛みを知ることであった。昔の子どもは喧嘩をしても相手が泣いたらそれで終わった。死んでも生き返ると思う現代っ子は、相手が泣こうが、血を流そうが、死ぬまでやってしまう。死を知らず、痛みが感じられないがゆえである。

前章でも引用したが、論語に「未だ生を知らず、いずくんぞ死を知らんや」（先進篇）という言葉がある。これは、対偶命題で逆説的に「死を知れば、生がわかる」という意味である。

死を見つめたとき、いつ死んでも不思議でない私が、今生きている「いのちの尊さ」が、わかる。また、死を見つめたとき、明日ありともわからない「いのちの大切さ」がわかる。そして、何よりも、死を見つめると「いのちの不思議さ」に気づかされる。「不思議」とは思いを超えていることである。つまり、死は思いがけずやってくる。思いを超えたものである。思い通りにならないものを思い通りにしようと、力むから苦しまねばならない。孫悟空が最後に気づいたように、誕生も死も仏の大きなみ手の中である。生も死も自然のライフサイクルであり、自然の中に生かされているのである。生と死のプラス・マイナスも、命の長短もすべてが「とらわれ」だったのである。

筆者たちが、医師や看護師、福祉関係者、宗教者、そして、癌の患者たちと市民参加の「死そして生を考える研究会（ビハーラ研究会）」を作り、死を見つめて生の意味を問う「いのちの教育」を提唱したのは一九八八年のことであった。以来、同朋大学に「いのちの教育センター」を作り、アメリカの学校教育の中でのデス・エデュケーション、日本の生命倫理教育の試みなども紹介し、その必要性を訴えてきた。その結果、緩和ケアやホスピス、ビハーラ（仏教ホスピス・梵語で「安らかな場所」の意）の理解は次第に広がりつつある。しかし、「いのちの教育」は遅々とした歩みである。残忍な事件が横行する昨今、特に「生命の教育」ではなく、「いのちの教育」を訴えたい。

もちろん、医療の場でも、患者の自己決定権が尊重されるようになってきた。したがって患者自身の死生観、いのち観が問われているのである。

デス・エデュケーション

生命軽視の事件のみならず、代理出産、臓器売買、尊厳死など生命倫理が大きな課題になってきた。生命の尊厳と自らのいのち観、死生観をどう確立するかが問われている。このことを教育として実践するのがデス・エデュケーションである。

学問的な形でデス・エデュケーションということが言われたのは、今から三十年余り前、アメリカにおいてである。一九七〇年、ミネソタ州のハムリン大学で最初のデス・エデュケーションについての学会が開かれた。このとき三人の発表者が、デス・エデュケーションの必要性を主張し、彼らはこのとき、すでにハイスクールの教育現場では、二十校以上のところでそれが試みられ、また、カレッジや医学部では多くのところで選択科目として開講されていることを紹介した。そして、今口ではほとんど当たり前になっている。さらに、成人教育や生涯教育の分野はもちろん、小学校でもなされている。むろん、州によって異なるし、また、学校裁量によるため、日本のように全国一斉というわけではない。〝やんちゃ〟盛りの小学生にとってこの科目の時間は、〝よく教えを聞く時間〟という代名詞さえつけられていた。

一九九二年、私はこのことをリサーチするためにアメリカへ留学した。当時、アメリカにはすでに『デス・スタディ』と『オメガ』というこの分野の専門学術雑誌が刊行されていた。前者の編集責任者でフロリダ大学のハネラー・ワス教授は教育学者であり、小学校のデス・エデュケーションの授業を推進していた。そして、フロリダ大学近くのリトルウッド小学校で実際の授業を見せてくれた。ミネソタ大学にいち早くデス・エデュケーションセンターを作って活動していたロバート・フルトン教授は、社会学者で学際的な死生学を提唱していた。

一方、この教育を日本で最初に提唱したのは今から二十数年前、上智大学のアルホンス・デーケン教授であった。彼はこれを「死への準備教育」と翻訳し、「生と死を考える会」を組織して全国的に広めた。癌の病名告知が社会的にも課題になったときでもあり、多くの人の関心を呼んだ。しかし、教育現場での具体的な実践には結びつかなかった。その後、日本では筑波大学教育学部のメーサー・ダリル教授が推進したが、教育界を動かすまでにはなっていない。

米国でまず気づいたことは、「死への準備教育」という言葉の不自然さであった。つまり、それは、「死への準備」ではなく「いのちを考える」教育であった。それゆえ私は「いのちの教育」と訳すべきと考えた。

リトルウッド小学校では、高学年を対象に三週間のスポットのプログラムでなされていた。「死と終末」の授業は、最初はペットや身近な人の死に出会った経験を語り合わせて導入を図る。そしてそのときの否定、怒り、後悔、恐れ、悲しみなどの感情を聞く。さらに、死んだらどうなるか。自分がいなくなったら家族はどう思うか。フィルムを使いながら異文化の死、別れの儀式、悲しみの癒しなどを考えさせ、医師、牧師、葬儀屋、弁護士などにも来てもらって話をしてもらい、また、メモリアルパークへ行って墓標を読ませ、拓本を採らせたりもしていた。要するに、死をタブーにするのではなく、正面から見つめ、人は死に、自分も死ぬということ、痛みを持つこと、死んでも生き返らないこと、自殺をしないこと。いのちの尊さ、そして、死を自然な形でライフサイクルの一つとして受け容れられるようになること。長さに関係なくい

〈死と終末〉コース　授業目標

J．ターナー ＆V．エドガー

1．死の究極性を理解すること。
2．死がライフサイクルの一部であることを理解すること。
3．悲嘆の諸段階について知ること。
4．専門用語を覚えること。
5．他の文化圏に属する人について学ぶこと。
6．さまざまな死因について学ぶこと。
7．追い詰められた状態における死以外の選択肢について学ぶこと。
8．芸術、音楽そして文学に示された死について学ぶこと。
9．死における儀式の遂行について、そして、また遺された者の危機状況を救う癒しについて理解すること。
10．死はいつでも納得できるものではないし、（年齢などを考えれば）公平にやってくるものでもない。それでも人生は満足できるし、幸せに送れる——そうしたことを理解すること。

—リトルウッド小学校（フロリダ州）『デス・エデュケーション指導要領』より—
拙著『仏教とビハーラ運動—死生学入門—』（法藏館）

のちの満足があることなどを教えているのである（拙著『仏教とビハーラ運動—死生学入門—』一九九九年、法藏館）に詳述）。抽象的な内容の教育であり、具体的にどのような成果があったかはなかなか把握できないが、少なくとも死やいのちに対する見方が変わったことは言うまでもない。このことは仏教の言葉を借りれば、無常や無我の教育に他ならない。アメリカの著名なホスピス学者、W・G・ワーレンは、「ホスピスという考え方の理念は東洋的なもので、西洋的ではない」（『デス・エデュケーションとそのリサーチ』）と、仏陀の言葉を引いて述べている。

このころ、すでにアメリカには、ハーバード大学のティモシー・リアリー教授やラム・ダス教授の指導で作られた仏教ホスピスの「カミングホームホスピス」や、サンフランシスコのゼン（禅）センターのイッサン・ドロシー師が作った「マイトリーホスピス」が活動していた。日本のビハーラ（仏教ホスピス）運動が興隆してきたのはその後である。

ビハーラ医療団の試み

医療の現場では、必死になって、延命、救命に努力してきた患者もやはり死ぬ。自分の無力感を感じ、死をどう受け止めたらいいのだろうかと悩んだり、あるいは、科学の目のみでいのちを考えることに違和感を持つ医師たちも多い。筆者のゼミの卒業生などを中心に「死そして生を考える研究会（ビハーラ研究会）」の活動を全国展開する中で、各地で仏教を勉強している医師たちが意外に多いことを知った。

それゆえ一九九八年八月そういった医師たちに呼びかけて三重県の湯ノ山温泉の施設で「ビハーラ医療団」を結成した。全国から二十名余りの医師が集った。「ビハーラ」とは、サンスクリット語で、安らかな場所、精舎（寺院）の意であるが、狭義には仏教ホスピスを指し、広くは医療現場における仏教による患者の精神的サポートを意味する。参加者は各自の医療現場でそのような活動をしたり、関心をもっている人たちである。毎年、その事例発表や研修、公開講演会を各地を巡回して行っている。今年（二〇〇六年）は第六回の研修会を新潟県の三条市で行った。各地のがんセンターの医師たちも加わり、会員は四十名を越えた。（現在は事務局を仁愛大学内に置く。会員約八十名）

研修会での学びの中心は、もちろん、仏教である。医療は延命ということで死の苦しみを超えていこうとしたのに対し、仏教は心の学び、つまり、価値観を転換することで生老病死をあるがままに受容して、超えていこうとするものである。つまり、生はプラス、死はマイナスというとらわれを離れて、死んでいくままに、苦しい事実を事実のままに、受け止めていけるようにこちらが変わっていく学びである。病を奇跡で治すのが仏教ではない。病は病のままで救われていくのが仏教である。

近代医学は言うまでもなく科学である。物理学から展開した西洋近代物質文明に対し、東洋の仏教は生死を問うことから展開した。科学はすべてを、もちろん、「いのち」や「ひと」までも存在するモノ（物質）として、分析し、数量化してみていこうとする。それに対し、とりわけ仏教は、西洋近代物質文明主義のカウンターカルチャーとみることができる。龍樹（ナーガール・ジュナ、一五〇～二五〇頃）の中観派と呼ばれる立場は、すべてのモノ（物質）として存在するものは、実体がない「空」なるもので、通常、実体としてとらえられるものは実は縁起によるもの、つまり、ご縁、関係性による結果であるとした。実在するものと考えるのではなく、むしろ、関係性の中に存在するものとして考え、その背景やそのものを成り立たせているものに目を向けようとする考え方である。「存在する」というとらわれを離れた立場、それが無生である。空とは「無生無死」で、生にも死にもとらわれない二者択一を離れた立場である。

この無生を中国の曇鸞《どんらん》（四七六～五四二）は、ユニークな譬えで説明する。一つは「生死は亀毛《きもう》のごとし」である。つまり、いのちは亀の毛のようなものだと言うのである。亀に毛は生えない。しかし、慶事に用いる鶴亀の掛け軸の亀には毛がふさふさと描かれている。だが、あれは長寿の亀だから甲羅に藻がついて毛のように見える。そこで中国の故事から本来ないものを勝手にあるように思うことを「亀毛のごとし」と言うのである。いのちは本来、実体的にあるのではなく、勝手にあると妄想をいだいているのである。いのちは「今」しかないし、生死一如で生と死は紙の表裏のようなものである。したがって「生きがい」は「死にがい」である。常に「生死する」いのちである。だから無生であると。

また、二つには、われわれの存在そのものが因縁によるものであって、確固たる実体的な存在ではないと言うのである。私の生命が「ある」と言っても、ご縁がなければ存在しないのである。まさしく、仮に生と言っているだけで、実の生や実の死があると言えるものではないと言うのである。ご縁だから「ある」とか「ない」と言っても始まらないし、実体的な存在ではないので所有化もできないし、計算通りにもならない。それを「科学の知」では、いのちを所有化し、計算で思い通りになると考えるから当てが外れて、「こんなはずではなかった」と言わねばならないのである。

結局、有無にとらわれて苦しんでいるのである。「生きるときは生きるがよかろう。死ぬるときは死ぬるがよかろう」と一切を仏に任せたとき、つまり、本願に乗托したとき最も安らげるのである。この立場を親鸞（一一七三～一二六二）は「自然法爾《じねんほうに》」と言っているのである。頑張らなくてもいいのである。ビハーラとは仏教の学びそのものである。

ある老人ホームの嘱託医からの問い
——仏教と在宅医療——

ある老人ホームの嘱託医からの問い

数年前に、作家で医師でもある久坂部羊さんと、テレビのある討論番組で、末期医療について話し合ったことがある。彼は、大阪の老人ホームの嘱託医もしているという。彼が言っていた。

「チューブにつながれて、寝たきりで、コールタールのような血便を垂れ流しておられる患者さんを見ていると生きるのも地獄だと思う。なんとかしてあげたいと思うがどうすればいいのか」と。課題をいただいた。

そんなとき、あるお寺の掲示板に、

生きることの意味が、わからないと、

何歳まで生きても地獄の日々である。
死ぬことすらできない苦を味わう毎日である。

と書かれていた。

かつて、高度成長期と言われた時代を支えた団塊の世代の多くが高齢者になった。貧困老人と言われ、福祉の充実を要求する。しかし、若い世代の人口は少なく、就職氷河期の世代は非正規労働者として働き、年金も払えず、これまた貧困世代である。

私の住んでいる三重県の田舎も、若者は両親と離れて都会に住む。両親は寒村で老いて耕作放棄地を眼前にして、空しい思いの中で日に日に欠け、やがて家が絶えていく。

このような、中で、「そうだ、お寺へ行こう」と言ってほしいものである。しかし、現実には、そうはいかない。

では、逆に僧侶が病院や施設へ行けばよい。つまり、そこへ出張して臨床法話をすればよい。あるいは、在宅で法話をすればよい。それが、ビハーラ運動である。それには、医師の理解も必要である。それが、ビハーラ医療団の活動である。

仏教は癒しの道具ではない

ビハーラに関わって三十年あまりたった。その中で、医療のみならず周囲からいつも、「仏教を利用して安らぎや癒しを与えるというのは、患者のためになるし、面白い」とよく言われた。エールを送るつもりで言ってくださっているのであろうと、表面的には好意的に受け止める反面、私はいつも、この言葉に違和感を感じ、反発していた。

仏教は癒しの道具ではないし、また、利用するものではない。仏教は自ら体験するものである。体験すれば、結果的に安らげるし、癒されることにもなる。何かのために仏教を利用しようとすれば、仏教が仏教でなくなってしまう。求めたいものに心が奪われて、永遠に心が縛られていく。欲望の虜《とりこ》になっている自分は少しも変わらず苦しみ続けることになる。科学の眼で仏教を見て、対象化するとそうなるのである。仏教を利用して、欲しいものを摑《つか》もうとすればするほどそれは遠くへ行ってしまう。寄り添いや癒しも大切だが、生とか死、生きることの意味を患者と一緒に考えるのが僧侶の役目であろう。聞法して、身をもって信心の獲得体験をするのである。癒しやカウンセリングは、その道のプロにお願いすればいいのではないか。臨床に宗教が必要だと言いつつも、その種の〝資格〟を作ったのはいいが、公の場へ宗教を持ち込んではいけないといい、宗教も語れない宗教者（僧侶）が、そこにいてどうなるのか。

生と死の意味を問う

生きることの意味をどうして見出せばいいのか。『子どもたちよ　ありがとう』（一九九〇年、法藏館）の著者、平野恵子さんは、末期がんで、

私の四十一年の人生が真に豊かで幸福だったと言い切れるのは、まったく由紀乃ちゃんあなたのおかげだったのです。

と言って四十一歳の人生を豊かで幸福な人生と受け止め、死を受け入れた。由紀乃ちゃんは心身に障害を持っていたお子さんだった。

また、明治の先哲、清澤満之は、

私は如来の威神力に寄托して大安楽と大平穏をうることである。私は私の死生の大事をこの如来に寄托して少しも不安や不平を感ずることがない。（『わが信念』）

と言って四十一歳の死を受け入れた。いずれも、死を問い、生の意味を知り、人生の絶対満足を得ているのである。死んでいく身のままで助かっている。

私たちは、生はプラス、死はマイナス、若いのはよくて、老いはマイナスととらえる。そして、欲望のモノサシにとらわれて、若返ろうとし、長寿を追い求める。思い通りにならないものを思い通りにしようとして、苦しんでいるのである。それが、「地獄の日々」をつくっているのである。思い通りにならないものを思い通りにならないと知っていくことこそが、それを超えていく道である。プラスもマイナスも私が勝手に作ったモノサシだったのである。みんな「そらごと、たわごと」だったのである。生も死も思いを超えている。思いを超えた仏のみ手の中に、生かされているのである。その大きなみ手の中で、勝手なモノサシにとらわれ、右往左往していただけである。

大きな世界に出遇ったら、生も死も、老いも若いもどうでもよくなる。あるがままをあるがままに生きるのみである。それを本願に乗托するという。大きなものに出遇って我がくだかれるという体験である。

念仏は自我崩壊の音である（金子大榮）

とは、このことだったのである。生きる意味とは、生かしめる法に出遇うことである。あなたは、何のために生まれてきたのか。長生きするためだったのか。はたまた死ぬためだったのか。なんと空しい人生だったのでしょう。

仏法の事はいそげいそげ（『蓮如上人御一代記聞書』）

お寺参りのできない人には、そこへ行ってあなたが一緒に生きる意味を問いかけてほしい。

ビハーラ往生のすすめ

生も死も不思議な縁起

　末期患者や高齢者と仏教の教えを学んで生老病死を受け止めていく活動、いわゆる仏教ホスピスを「ビハーラ」と名づけて活動しはじめて、はや三十年がたつ。最初の新潟の長岡西病院、城陽市のあそかビハーラ病院など各地にいくつかビハーラ施設、つまり、仏間があり、僧侶もいる緩和ケア病棟や高齢者施設もできてきた。また、こういった活動に関心をもつ医療関係者の組織であるビハーラ医療団の会員も次第に数が増えてきた。

　しかし、一方では緩和ケア病棟そのものが、「あそこは死に場所だ」「あそこへ入ったらおしまいだ」といって敬遠する患者がいるのも事実である。死を遠ざけ、生はプラス、死はマイナスという価値観でおれば当然である。

だが、死は必然である。ある患者のアンケートにあった「延命・救命も大事だが、死んでゆく人をよりよく送るのも医療の役目だと思う」というコメントは、死に直面した多くの人の声である。

老いや病、そして死をどう受け容れるか。これは人類の原初からの課題である。このことを直接の課題にしてきたのが仏教である。特に、縁起の思想や中道の考えはそれに応える普遍思想である。このことに着眼して、すでに、アメリカでは、日本のビハーラ運動よりも早く一九九〇年頃に、カミングホームホスピスやマイトリーホスピスなどの仏教ホスピスがつくられていた。

「科学」はすべてを実在するモノとして観る。そして、それを分析し、数値化し、仮説を立て実証して還元する。したがって、人間はヒトであり、モノとして存在することになり、有無がはっきりする。

それに対し仏教は、すべての存在は「縁起」による、つまり関係性の中に存在すると考える。一般に現代人は、私のいのちは私のもので、私は今ここにいると言う。では本当に自分のいのちは自分のものか。自分のいのちと言うのなら、自分の所有物であるから思い通りになるはずである。では、あなたは自分で思い通りに生まれてきたのか。そして、思い通りに生き、思い通りに上手に死んでいけるのか。思い通りにならない人生を思い通りにしようとして、また思い通りにならない死を思い通りにしようとして苦しんでいるのではないだろうか。

思えば、父があり、母があり、祖父があり、祖母があり、連綿と続くご縁の連続によって、思いがけず、私はここに生まれてきたのであり、知恵がついてから自分のいのちと言っているにすぎないのではないか。死もまた同じで、思いがけず死んでいくのである。読者とのこの出遇いも思いがけない出遇いである。「思いがけない」とは、思いを超えているのである。思いを超えたこと、それは思議（考え）が及ばないので不思議と言うのである。思いを超えた縁起の法の中に私は生かされているのである。だから、私の力で有無を主張すればするほど苦しまねばならない。ご縁が無ければ私は存在しないのである。有無のとらわれを離れたとき、ホッとでき安らげるのである。生はプラス、死はマイナス、長生きがよくて、若死にはよくないなどというものさしは誰が決めたのだろうか。それにとらわれればとらわれるほど苦しまねばならない。いのちをモノとして観たり、数値化すればするほど苦しまねばならない。「空」を悟った孫悟空は三界をへめぐりまわっても仏様の大きな手の中だったと気づいた。その大きな手の中で有無にとらわれ、独り相撲をとって苦しんでいたのである。生もなく、死もないそれが空である。賢い現代人ほど苦しまねばならないのだろうか。

老いも病も死も当たり前

思い通りにならないことを思い通りにしようと思うと苦しまねばならない。生も死も思いを超えている。かつて岡山大学の教授をしていて、大腸がんで亡くなった阿部幸子さんがその手記で、

癌になる前は、自分の力で生きているのだと自信過剰な私であった。人生の困難に直面しても、脱出路を見出すこともできたし、様々の状況に柔軟に対応する能

力もあると思っていた。（中略）癌に直面した私は、それまでただひたすら己の信ずる道を歩き続けて来たが立ち止まらざるをえなかった。まず、第一に浮かんだ疑問はこれまでの人生をほんとうに自分だけの力で生きてきたかどうかということであった。〝他力によって生かされて来たのだ〟と。なぜ今までこんな単純な真理に目をとじていたのだろうか。気づくのが遅すぎたと思うと同時に、気づかぬまま死ぬよりよかった。やっとの思いで終バスに乗車できたのである。（阿部幸子著『生命を見つめる―進行癌の患者として』一九九一年、探究社）

と、と述べている。

本願の終バスに乗車できた阿部さんは、六十年の人生を「これでよかった」と受け止めている。ものさしにとらわれている者は何歳まで生きても、「こんなはずではなかった。もっと生きたかった」と言わねばならない。常でないものを常だと思うところに苦しみがある。死すべき身であるという事実によって「思い通りになる」という自我が砕かれる。その体験が「生死を超える」ということである。私にかぎって、老いない、病にならない、死なないという虚妄が、無常なる事実によって砕かれる。そこに、老いて当たり前、病んで当たり前、死んで当たり前と、「あるがまま」をあるがままに受け容れられる境地が開かれる。まさに我の破れた無我の世界である。

しかし、読者は誤解してはいけない、何でも自分の思い通りにあるがままでおればよいということではない。それは無我ではなく、「わがまま」か、「気まま」である。

仏教の救いとは、癌が治ることではない。また、死なない体になることでもない。癌を癌のままで「これでよし」と受け容れられるように、こちらが転じていくことである。死にゆく身のままで「これでよし」と助かっていくことである。「癌は宝です」（鈴木章子著『癌告知の後で』一九九八年、探究社）と言った人もいる。

ビハーラ活動でご縁のあった愛知県の稲沢市在住のある患者からいただいた手紙に、

私は自身が癌の手術を受け、父を看取り、亡くなった後、老母と二人で生活をしておりますが、この十年間、末期の癌に対する医療のこと、高齢化社会に対応する行政のあり方など、私なりに考えさせられ、悩みもしました。そして、父の死を御縁に浄土真宗と巡りあい、以前とは比べられないほどの心の落ち着きを得た日々を過ごさせていただいております。死の恐れ、生きてゆく上での経済的な悩み、人間関係のむづかしさに悩む日々は同じですが、何かしいて言葉にあらわすならば、価値観とでも申しましょうか。——が変わることにより、苦しい中にも、ある種の心の安らぎを得させていただけるようになりました。

と書かれていた。価値観が変わることにより、事実が受け容れられたのである。

老いもまたしかり、鏡に写る自身の白髪や皺が、自我を砕いてくれる。老いるときは老いるがよかろう、病むときは病むがよかろう、死ぬるときは死ぬるがよかろう。良寛の言うごとく、これが災難を逃れる妙法である。老病死に勝とうとすればするほど、向こうの刃は鋭く刺さってくる。死ぬのがいやなら生まれてこなければよかったのである。しかし、あなたは手遅れである。

臨終まつことなし

いのちの「有難さ」知る

先頃、日本臨床救急医学会は、人生の終末期にあり、「心肺蘇生は望まない」と希望する患者が心肺停止状態だった場合、現場の救急隊員はかかりつけ医の指示があれば、心肺蘇生を中止できるとの見解を示した。また、各地の医療現場では二〇一五年に厚労省が出した「人生の最終段階における医療の決定プロセスに関するガイドライン」に沿って、患者の意思を尊重して延命よりもＱＯＬ（クオリティ・オブ・ライフ：生活の質）を重視する指針作りがなされている。これまでタブー視されがちだった死について、それを先送りするのではなく、今、「自分の死」について考える必要に迫られてきた。そして、死の苦しみ不安を超え、生活面だけでなく、心の満足感を得る真のＱＯＬを高める学びが望まれる。

このように「自分の死」を、先送りするのではなく、今、問えと説くものに「白骨の御文《おふみ》」がある。「それ人間の浮生なる相をつらつら感ずるに……」と言えば、真宗門徒でなくても、一度は聞いたことがあるであろう。室町時代の蓮如の作で、浄土真宗の葬儀の後には必ず拝読される。身近な人を見送った後だけにひときわ心に沁みる文章である。

その中に「朝《あした》には紅顔ありて、夕べには白骨となれる身なり」とあり、それだから、臨終《りんじゅう》のときではなく、平生（今）に「た（だ）れの人もはやく後生の一大事を心にかけて」阿弥陀に帰依せよと述べる。つまり、今、極楽往生の一大事に心をかけて念仏して信心を得よと説く。

もともと、この考え方は、死の瞬間である臨終に仏のお迎え（来迎《らいごう》）を祈り、死後の極楽往生を説く平安浄土教の立場に対して、鎌倉時代の親鸞（一一七三〜一二六二）が「臨終待つことなし、来迎《らいごう》たのむことなし」（『末燈鈔《まつとうしょう》』）と、生きている現在に、信心を得て生死の苦から救われねばならないと説いた考え方に基づくものである。われわれのいのちは、明日ありともわからない。常に「終末期」であるとも言える。

身近な人の死を通して「自分の死」を見つめると、人生観・いのち観が変わる。誕生の瞬間から今日までいつ死んでも不思議でなかった私が、今あるいのちの「有難さ」を思わされる。また、平均寿命が八十余歳と聞けば自分もそこまで生きられると思っているが、明日あるともわからぬいのちと知ったとき、「今を生きねばならない」と実感する。さらに、死は思いがけずやってくる。誕生も死も、思いを超えていて、思議すべからざるものであることが知らされる。思い通りにならないものを思い通りにしようとするから苦しみになる。

いつか、がんセンターの緩和科の医師である友人が言っていた。「往々にして高学歴で「賢い人」ほど往生際が悪く、スタッフに不満を言い、きつく当たる。それに比べて農業など自然を相手に生活をしていた人は淡々と死を受け容れていく」と。自然を相手にしている人は肌で思い通りにならないことがあることを知っている。水害も干ばつも思い通りにならない。思い通りにならないものを思い通りにならないと知っていくことが、それを超える道である。

科学の立場でいのちを対象化し、客観的なモノとして観ているいのち観から主体的な見方に変わると人生観が変わる。

いのちの長短、死に方の善し悪しにとらわれる限り、欲が無限であり、苦に追いかけられる。事実を見つめて「我」が砕かれるという無我の体験をすると、そのとらわれから離れ、何歳でもよし、どんな死に方でもよしとあるがままを受け容れられる。これこそ絶対満足であり、真のＱＯＬである。

臨床でのこのような学びや心的体験の活動を、私たちはビハーラ運動と呼んでいる。しかし、仏教は癒しのための道具ではない。癒しや安らぎを得ようと仏教を利用してもそうはならない。摑《つか》もうとすればするほどより遠くへ逃げていく。追うことを止めて、仏教を学び、体験すれば結果的に、分別《ふんべつ》を離れて安らげるのである。仏教は体験するものである。

無生無死に目覚めよ

蓮如は「極楽の生は無生の生なり」（『御一代記聞書』）と言う。『観無量寿経』に登場する韋提希夫人《いだいけぶにん》は凡夫《ぼんぶ》が浄土往生するモデルとされているが、その覚りも「無生忍《むしょうにん》」（忍はさとりの意）である。「後生《ごしょう》の一大事」とは無生忍を得ることである。

無生とは、虚空《こくう》という意味であり、生命に対する善し悪しなど、さまざまなとらわれ、分別を離れることである。なぜ長寿がよくて短命がいけないのか。なぜ立派な死がよくて犬死がいけないのか。思い通りにならないものを思い通りにしようとすればするほど苦しみになる。

無生について、中国の北魏時代の曇鸞は、『浄土論註《じょうどろんちゅう》』で次のような二つの譬えで説いている。

一つは、虚妄無生。つまり、前にも述べたように「生死は亀毛のごとし」と譬える。いのちは本来、実体的なモノではない。それをあると思うのは、「有」のとらわれであり、無いという虚無主義は「無」のとらわれである。有ると思うからあてが外れて苦しみになる。無いと思うと空しくなる。いずれにしても、「有無の邪見」である。
二つに、因縁無生。つまり「因縁生《いんねんしょう》のゆえにこれ不生《ふしょう》なり」と言う。つまり、誕生も死もご縁（縁起《えんぎ》）であり、自分の思い通りにならないいのちを実体的なものとして観るから、それを所有化して、思い通りになると思ってしまうのである。思えば、誕生も私の「思い」に関係なく、思いを超えたものである。父があり、母があり、連綿と続くご縁の連続によって思いがけず、私は誕生したのである。また、私の半生を振り返っても、私は誕生の瞬間から今日まで毎日毎日思いがけないことの連続であった。これからも、思いもよらないことばかりであろう。また、死も同じである。私は、思いがけず、このいのちを終えていくのであろう。一切が縁起の法の中にある。縁起とは、平易に言えば関係存在ということである。だから、確固たる実体的ないのちではなく、すべて虚空であると言うのである。

　したがって、仏教では無生無死《むしょうむし》に目覚めることが、生死の苦を超える道であると説く。道元（一二〇〇〜一二五三）の言う「無生死」を悟るというのも同じである。

浄土とは「無生の宝国」（『往生礼讃《おうじょうらいさん》』）である。『観無量寿経』の韋提希夫人はそれを求め、摑もうとする心が尽き果てたときに、無量寿（阿弥陀）の世界に気づけたという。そして、その救いが阿弥陀の摂取不捨《せっしゅふしゃ》と説かれている。だから、行も善も間に合わない。つまり「非行非善《ひぎょうひぜん》」（『歎異抄《たんにしょう》』）である。だから親鸞は、その目覚めを「臨終待つことなし、来迎たのむことなし」と表現したのである。

かつて、鈴木大拙《だいせつ》（一八七〇～一九六六）が、その念仏詩を読んで、浅原才市《さいち》（一八五〇～一九三二）を無学ながら高い宗教的境地の妙好人《みょうこうにん》だと評価した。才市は、上述の境地を次のように言う。

わたしゃ
しあわせ
し（死）なずに参る
生きさせて

参る上をど（浄土）がなむあみだぶつ
りん十（臨終）まつことなし
いまがりん十
なむあみだぶつ

さいち（才市）は臨終すんで
葬式すんで
なんまんだぶつとこの世にはいる
さいちは阿弥陀なり
阿弥陀はさいちなり（以上、楠恭『妙好人才市の歌』一九七七年、法藏館）

生きている今、自分の死を問うことによって、生も死も無い浄土の生に目覚め、「心は浄土に居《ご》している」（『末燈鈔』）のである。

　浄土は死後に行くパラダイスだろうか。そこへ行くためには、平安浄土教で説かれたように無常院で臨終の作法を守り、仏を念じて死んでいかねばならない。そして、そのためには徳や善を積まねばならない。出家者ならともかく、俗に生きる私には到底かなわない。どんな死に方をするかわからない。しかし、それとて無駄ではない。その挑戦と挫折の向こうに、我が崩かれて、「頑張る必要のない」あるがままをあるがままでよしと頷ける世界が開かれてくる。心が自然《じねん》の浄土を遊ぶ境地である。私は、死後ではなく、今、救われたい。

「津久井やまゆり園」事件に思う

人は存在そのものに意味がある

今年（二〇二〇年）三月、いのちの価値、人間の価値を問いかける大きな出来事があった。相模原市の知的障害者施設「津久井やまゆり園」の殺傷事件に判決が出された。二〇一六年七月、同施設で入所者十九人が刃物で刺され死亡、二十六人が重軽症をおった。殺人罪で起訴されたのは三十歳の元職員。横浜地裁の青沼潔裁判長の判決文によると犯行動機を、「重度障害者を殺害することで、不幸が減り、障害者に使われていた金を他に使えるようになるなどして世界平和につながり、自分は先駆者になれると考えた」と記す。被告は公判では、「意思疎通できない障害者はいらない。安楽死させるべきだ」と一貫して主張。つまり、障害をもった人は、社会の役に立たず、リスクの負担ばかり増える。だから、不要だという論理である。被告は人間の価値を生産性、効率性にのみ認め、それで人の善し悪しを計っている。

このことをめぐり、社会の識者は一様に、その論理を差別思想、優生《ゆうせい》思想だと批判した。裁判は被告の「病的な思考や思考障害ではない」として、事件の残虐性から死刑判決を出し、終わりにした。しかし、この事件は終わっているとは思えない。今も私たちに、いのちや人間について問いかけている。

もちろん、多くの命を奪った被告の行為は絶対に許されない。しかし、被告の考えを単純に批判することが今の社会にできるだろうか。少なくとも私にはその資格がない。なぜなら、正直、被告に似た考えが私の心の片隅にあるからである。役に立つ、立たないで人の価値を計ろうとしてしまっている。改めて、建前と本音を使い分けている現実に目を向けたい。

たとえば、今、新型コロナウィルス感染症に世界中が立ち向かい、治療薬やワクチンの開発を急いでいる。しかし、これとて数に限りがあり、一度にすべての国民に供与することはできない。誰から投与するのか。若い人からか、役立つ人からか、適者生存か。人はみな平等と言いつつ、人間の価値を生産性、効率性にのみ認め、順位づけがされるのだろうか。

アメリカで、新型コロナウィルス感染症の死者は、単なる数字ではない、一人ひとりの人間であり、人生なのだという意図で、死者一人ひとりのプロフィールが新聞の一面に掲載された。人は、モノでもなく、死者の数としての数字でもない。

現代のわれわれは、いのちをモノ化し、経済のモノサシを絶対視し、それにとらわれ、知らず知らずのうちに優生主義に陥っている。価値のないものは存在が否定される。モノサシは、あくまで能力を引き伸ばす手段であり、それを絶対視して人の価値を計るものではない。通知簿の評価は、人としての存在の評価ではない。それを励みにして能力を伸ばすためのものであり、能力を引き出すための手段である。モノサシを絶対化したとき、優越感と劣等感にさいなまれて〝自分色〟に輝けないし、人を差別する。

人間の価値、いのちの価値は、役に立つ、立たないだけで測れない。『阿弥陀経』

には「青色青光、黄色黄光、赤色赤光、白色白光」つまり、青色のものは青い光を、黄色のものは黄い光……を放ち、それぞれに輝いていると説かれている。『無量寿経』には「無有好醜《むうこうしゅ》の願」、「悉皆金色《しっかいこんじき》の願」、つまり、好醜《こうしゅ》なく、みんな悉《ことごと》く金色に輝いている世界が願われている。私の価値観だけが絶対ではない。人それぞれに私の気づかないさまざまな価値、つまり輝きがある。意思疎通のできない人にも、私たちの気づかない価値がある。私が気づけないだけなのである。だから、障害があってもなくても、死に近い人であろうとなかろうと、たとえ、脳死になって、意識はなくても、「人は存在そのものに意味がある」のである。他者の尊厳を認めることが、自分の尊厳を認めることになる。経典の言葉に照らされて、自分の不純な見方が見えてくる。

矛盾に満ちた自己を知る

私たちは、経済的価値観に流されて知らず知らずのうちに優生思想に陥り、人を裁いている。そして、自身を絶対化する。また、私たちは業縁《ごうえん》存在であり、状況によってどんなことをするかわからない。

さるべき業縁のもよおせば、いかなるふるまいをもすべし。（『歎異抄』）

それが人間である。親鸞が言うごとく、しないでおこうと思っていても、人を千人殺すことも起こりうるのである。そういう悲しい存在である。しかし、それを見定める内観の眼が必要である。

そのような矛盾に満ちた私であったと、どこで気づけるのか。

世間は虚仮《こけ》　唯《ただ》仏のみ是《これ》真なり（『天寿国繡帳』銘文）

と聖徳太子が言うように、虚仮を虚仮と知らしめるものが法（真理）であり、法に出遇わないと自身を相対化できない。それが宗教心である。今一度、いのちの価値、人間の価値について考えねばならない。正解はないかもしれないが、考えることに意味がある。

それは、生命の倫理を考える根幹である。法律で許されているからそれが絶対善とは必ずしも言えない。社会的に許容の範囲とされたに過ぎない。脳死・臓器移植、出生前診断、安楽死・尊厳死など、どの問題をとってもそうである。

最近、出生前診断が、小規模の診療所でも可能になった。

以前に、出生前診断で、ダウン症などの可能性があるときは告知すると、関連の学会が発表したとき、「ダウン症の子をもつ親の会」の人たちが、「ダウン症児の存在が否定されたようで悲しい」との声明を出したと記憶している。自分の胎児がダウン症になる可能性があると知ったとき、本音が顔を出す。人は巧みに建前と本音を使い分ける。今や遺伝子操作も可能になり、知らず知らずのうちに優生主義に流れていく。

かつて、老人施設に傾聴のボランティアに行っていたとき、入所者の一人が、「私は、こんな体になってしまってちっとも役に立たない。間に合わない。最近は孫にまで馬鹿にされるんですよ。周囲に迷惑をかけるだけだから早くお迎えが来ないかなあ。早く死にたい」と言っていた。周囲の人は、役に立つ、立たないというものさしを絶対視して、冷たい言葉をなげかける。本人も、役に立たないからと劣等感をもつ。本人の意思（リビングウィル）なら、安楽死を認めてもいいではないかという人もいるが、このような「気がね」による自己決定もあるのである。

一方、脳死・臓器移植の問題でもしかり、レシピエント側にとっては福音かもしれないが、ドナー側の尊厳が守られているのか。臓器移植法も一九九七年の成立当時は本人の自己決定を基本としていたが、その後の臓器不足による改正で、本人が生前に拒否の意思表示をしていなければ、家族の同意だけでできるようになった。また、今では、ヨーロッパの一部の国のように、「沈黙の同意」、つまり、移植を拒否する旨を記したドナーカードをその場で所持していなければ、「同意したものとみなす」という考え方が論議されている。

いのちの尊厳がどこで護られるのか。生命の倫理とは、いのちや、人間の尊厳を護ることである。われわれは、現代社会の中で、生産性と効率性の価値観に無自覚に流されていく。どこでそれに気づけるのだろうか。

出生前診断や脳死・臓器移植が認められて、それを行うにしても、自身を見る目、つまり、内観の眼が必要である。それを無くしたとき、人は傲慢になり、他者を傷つける。何よりも、矛盾に満ちた自身であることを知っていなければならない。

「人は存在そのものに意味がある」と言いつつも、その意味を認められない私がいる。社会も揺れているが、私も揺れている。経典の言葉によって、仏の願いに背いている私がいると自覚できたとき、かろうじて人間らしさが保てるのであろう。相模原市の知的障害者施設殺傷事件の被告の考えを断罪することは簡単であるが、そのことから逆に、自身の矛盾に満ちたいのち観、人間観を問いなおす機縁にしたいものである。それがなされない限り、あの事件が終わったとは言えない。

「いのちの教育」をライフワークにしている私は、今、福井県の仁愛大学に勤めている。「仁愛」とは、『無量寿経』の「仁愛兼済」という言葉によるもので、「すべてのひと・いのちを敬愛し、共に救われていく」という意味である。すべての学生が高度な教養としてこの精神を学び、その上で高い専門的知識とスキルを学んでいる。若い学生たちと改めて、「いのちの尊厳」と矛盾に満ちた私に出遇う学びをしている。

II

映画『おくりびと』と青木新門著『納棺夫日記』

映画『おくりびと』が、アカデミー賞を受賞して明るい話題をもたらしてくれた。この映画の企画は、主演の本木雅弘さんであるが、本人も述べているように、青木新門著『納棺夫日記』が原案になっている。『納棺夫日記』の哲学的な思索の部分を除いたものが、ほぼ『おくりびと』になっており、事実上の原作である。あえて違いを上げるなら、「納棺師」が「納棺夫」、舞台が富山市と酒田市、主人公が「売れない作家」とチェロ奏者……などである。

青木新門さんは、親鸞の思想をベースに同書を書いており、氏の生命観を綴った「納棺夫のいのち観」にもそう述べている（田代俊孝編『人間を見る―科学の向こうにあるもの―』所収、二〇〇六年、法藏館）。

一九九三年、青木さんが柏書房から『納棺夫日記』を刊行した直後に、彼は、本木さんから、映画にしたいという手紙をもらったという。そのときのことを、青木さんは、

私は、あなたしか『納棺夫日記』は映画化できないと思いますと書いて送ったのです。けれどもシナリオを読んで最後のシーンが、私が叔父の死で感応道交《かんのうどうこう》した世界とは全く違う。宗教が全く排除されている。私の『納棺夫日記』は、納棺の部分より、むしろ親鸞聖人のみ教えに出遇った「帰命無量寿如来」「南無不可思議光」を人々に伝えられないかと思って書いたのですから。それが伝わらないのなら私は辞退するしかなかったのです。（月刊『同朋』二〇〇九年一月号、東本願寺刊）

と、述べている。

富山という浄土真宗の「土徳」の中で育った青木さんは、いのちへの問いを親鸞の『教

行信証』の世界で探究し、無限のいのちにめざめ、ひかりの世界へ帰っていくものであると受け止めている。「納棺夫」を生業《なりわい》とし、そこで、死に真向きになって開けた哲学が綴られている。その意味で『納棺夫日記』は哲学書、宗教書と言っても過言ではない。青木さんにもその自負があったからこそ「辞退」されたのであろう。

湯灌《ゆかん》、つまり、亡くなった人を洗い納棺するのは、日本のほとんどの地方では、もともと家族がして、最後の別れをしていた。それが、葬儀ビジネスの中で商品化されていったのである。事情を知らないテレビのコメンテーターが、連絡船が難破したとき函館で初めてなされたなどと言っていたが、それは、まさに、死がタブー視され、日常から遠ざけられたがゆえの「都会の人」の言葉である。

監督の滝田洋二郎さんも富山県の出身である。『おくりびと』は、『納棺夫日記』の哲学の部分を、映像と役者の動きで表現していた。死を臨終まで先送りするのではなく、今（現生に）、死を見つめて、死に応えうる生に出会う。それが光り輝いた生である。そして、死と生は連続無窮につながっているという『教行信証』の哲学が見えてくる。たとえば、腐敗した死体に群がる「蛆《うじ》たちが光って見えた。」というくだり、また、社長がふぐの白子を食べ、「死ぬ気になれなきゃ食うしかない。困ったことに」という場面や、フライドチキンを食べて、生々しい食べがらの骨を画面いっぱいに大きく映し出す場面である。ここでは、死を通した生が表現されている。また、最後の場面で、大悟を幼いときに捨てた父の納棺を自らする場面である。身近な人の死を自分に置き換えて、父の死を通して、自分も、「朝《あした》には紅顔《こうがん》ありて、夕べには白骨となれる」(『御文』)いのちであることをメッセージとして訴えている。

また、一方では、死が穢れとして見られる現実を背負いきるには、自らに確固たる哲学が必要なんだということを表現していた。妻の美香が大悟の仕事を知って「汚らわしい」と言って実家へ帰って行った場面など、死のタブー視がもたらす差別と偏見という問題を浮き彫りにしている。『おくりびと』には、『納棺夫日記』に見られるような哲学が言葉としては表現されていないが、映像の上で、それを出す工夫が十分にされていた。むしろ、その哲学性こそがこの作品に重みを出していると言える。

連城三紀彦さんを偲ぶ——得度記念日に——

一九八七年の今日、二月七日、筆者が住職を務める三重県いなべ市の行順寺（真宗大谷派）に僧籍を置いて、京都の東本願寺で一人の男性が得度を受けた。僧侶として新しい人生を始めたのだ。その名は加藤甚吾、またの名を連城三紀彦。当時三十九歳、名古屋市出身の直木賞作家である。

八四年『恋文』で直木賞を受けた連城は、二年後の八六年、知人を通じて、同朋大学（名古屋市中村区）にある筆者の研究室に来た。休筆して、聴講生として一年間、仏教を学び、得度したいと言う。突然の申し入れに、筆者も驚いた。

聞けば、父が長良川沿いの浄土真宗の寺の出身で、母もしばらくはお寺で生活をしていた。お寺を出た後も母は毎日大きな仏壇に手を合わせて『正信偈』をあげていた。そのせいか自分も仏教に引かれるものがあると言うのである。

浄土真宗の僧侶になり、どこかの片隅で質素な庵を建てて暮らしたい、それが自分の夢と言っていた。

聴講生のころは、いつも教室の片隅で静かに講義を聴いていた。休筆中とはいうものの出版社との関わりも続いていて、後半の出席率はあまりよくなかった。

そして八七年、得度を受けたのだ。以来、住居を東京に移すまで、筆者の寺の報恩講や蓮如忌には衣を着てお参りしていた。寺へ来たときや講義の後は、よく一緒に食事をした。寡黙で少し照れ屋であったが、時々仏教の難解なことばを聞いてきた。思えばそのことばが、彼の人生を方向づけていたのかもしれない。

たとえば、親鸞の「非僧非俗」ということばである。親鸞は流罪になったとき、後鳥羽上皇によって還俗させられる。その折に、

しかればすでに僧にあらず、俗にあらず。このゆえに禿《とく》の字をもって姓となす。

（『教行信証』）

と言い、「愚禿《ぐとく》」と名のる。

「僧にあらず」とは、戒律を持たず、捨家棄欲《しゃけききよく》の出家の形を取らないということである。「俗にあらず」とは、俗に流されないで求道心をもって生きるということである。半僧半俗といった中途半端なものではない。俗世の真っただ中で、自己の愛欲（執着と欲望）の生活におぼれながらも自己のあり方を問い返し、仏道に生きることである。

連城は、そんな生き方にあこがれていたようだ。

また「二種深信《じんしん》」ということばなども好きであった。二種深信とは「機の深信」と「法の深信」のことであり、もともと中国の善導（六一三〜六八一）のことばで、親鸞の救済の論理の中核をなす概念である。

機の深信とは、私たちの罪悪がいかに深いかという闇の自覚である。法の深信とは、それを照らす光の自覚である。光があるから闇が見え、闇があるから光が仰げる。その法の光に照らされたからこそ、親鸞は「愚禿」と名のったのだ。

さて、東京から戻った連城は、名古屋市に近い大治町に住んだ。小さなマンションの質素な部屋はさしずめ彼の庵だった。お母様の介護に努め、人を避け、特定の人としか交わらなかった。電話には一切出ず、筆者との連絡も、もっぱら手紙であった。

決して俗に流されることはなかった。それでいて『恋文』にしろ『戻り川心中』『花堕ちる』にしろ、そこで表現されているのは男女のどろどろした人間関係で、まさに俗世の「愛欲の広海」そのものであった。しかし、その裏には繊細な心の動きと優しさ、ときには悲哀や哀切が表現されていた。同時に、その底には、彼のもつ澄み切った真心が表現されていた。

名誉を望まなかった彼の決して長くない生涯にも、いずれの作品にも、親鸞の世界が表現されていた。彼の描いたものを漢字一文字で表現すれば、それは「業《ごう》」であったと言えよう。

分析家・河合隼雄と仏教

去る七月十九日（二〇〇七年）、ユング派分析家河合隼雄氏が、七十九歳の生涯を閉じた。その直後、八月六日から十日まで、彼に仏教の手ほどきをし、無二の親友だった目幸默僊《みゆきもくせん》カリフォルニア州立大学教授が、客員教授を勤める名古屋市の同朋大学大学院へ出講していた。目幸氏は同朋大学へもう十五、六年前から毎夏、出講している。その関係で河合氏にも同朋大学へ何度か出講していただいた。二〇〇三年には、中日新聞社の後援を得て、河合、目幸両氏に加え、池田勇諦同朋大学特任教授、小出宣昭中日新聞社取締役編集局長をコメンテーターに、筆者の司会でシンポジウムをしたこともある。（『動く仏教・実践する仏教―仏教とユング心理学―』二〇〇五年、法藏館）

二人の出会いはカリフォルニア大学（ＵＣＬＡ）時代に始まる。京都大学の理学部数学科を出た河合氏はフルブライトの留学生として、ＵＣＬＡの教育学部に学び、同時期に目幸氏は、東京大学の印度哲学科を出て、東本願寺（真宗大谷派）開教使として渡米し、同じくＵＣＬＡに学んでいた。最近まで二人は、会うといつもその時代に日本語の家庭教師をしてアルバイトをしていたことに花を咲かせていた。その後、河合氏はスイスにあるチューリッヒのユング研究所へ留学し、その一年半後に目幸氏も同じくユング研究所へ留学した。そして、河合氏は日本人として最初のユング派の分析家となり、目幸氏は第二号となった。

兵庫県の丹波出身の河合氏は、

自分の家の宗教が浄土宗であることくらいは知っていたが、幼少の頃から、仏教に不吉で不気味なものとしてのイメージを抱き、漠とした拒否感をもっていたように思う。（『ユング心理学と仏教』一九九五年、岩波書店）

と言っていた。その河合氏が仏教に関心をもつようになったのはアメリカに留学したことに始まると言い、

私が東洋の宗教に出会うために、まずはアメリカに、そして、スイスにまで旅を

しなければならなかったのです。（『同書』）

と言う。科学性や西洋合理主義を学ぶためにアメリカへ渡った河合氏であったが、ユング派分析家シュピーゲルマン博士との出会いによって、夢分析の非科学性を受け入れ、ついに禅に関心をもち、悟りの過程を十枚の牛の絵で示した「十牛図」にひかれた。これとユングの「賢者の薔薇図」の比較論が、彼の最初の仏教に関する論文である。目幸氏のアドバイスで鈴木大拙博士の禅仏教の英書を読みあさり、また、目幸氏の専門である華厳《けごん》教学についても多くのことを教えられた。そして、悟っても変わらない、分析を受けても変わらないなどその通じるところを知るにつけ、いよいよ仏教に関心をもつようになった。日本に帰り、京都大学に勤めるようになって、当時、禅の大家で同僚の上田閑照《しずてる》教授に教えを請うた。一九八二年、シュピーゲルマン博士が目幸氏とともに来日したときは、「十牛図」を共通の話題にして、シンポジウムを開いた。その後、一九九四年にも仏教学者梶山雄一氏も加わり同じテーマでシンポジウムをした。そして、河合氏は日本人を相手に心理療法を行っているうちに、仏教の教えが自分にとっても日本人にとっても有用であることを認識したのである。

さらに、「科学の知」を絶対的なものとし、すべてを実在するものとして見る近代物質主義に対して、河合氏は、すべての関係性からものごとを見る仏教の縁起の思想や、龍樹（ナーガール・ジュナ）の「空」の思想に関心を寄せるようになる。そのころ、

原因・結果で見る近代科学が極めて有効なものであることは、立証済みでありますが、だからといって人間の営むすべての現象までその見方によって見ようとしたところに、現代の問題があることを考えると、ここに「縁起」的な見方の重要性を認める必要性が感じられます。（『ユング心理学と仏教』）

といい、「ユングの提唱した「共時性」の考えは、この縁起の思考パターンに属するものと言うことができるでしょう」（『同書』）とまで言う。

やがて、河合氏は、存在の「空化」とか、意識の「空化」といったことを言い始める。それは、関係性に注目し、ものごとの区別をなくする方向へと意識を変えていくことである。自然科学では、区別をより細かく正確にすることによって構造を確認し、

全体に還元していこうとするものであるが、「空」とは、とらわれや区別を離れ、中庸、中道に立つものである。河合氏は、「ヨーロッパの思想は、その根本にものごとを「分ける」ということがある。それに対し、仏教は逆に、ものごとの区分を取り払う意識を洗練させる努力をしてきた」と言う。したがって、西洋近代の個性は、まずエゴを確立することが前提となるが、仏教では、縁起つまり、関係存在としての自覚を優先し、無我から他力の中に生かされているという見方をする。河合氏は自分は仏教には全く素人であると言いつつも、言っていることは仏教の核心である。

日本人の関係性の意識を仏教に見る中で、母元型が優位であると見た河合氏はその根本が、親鸞の夢の体験とそれに始まる妻帯にあると言う。また、親鸞の自然法爾、つまり「あるがまま」に対し、それを「あるべきやうわ」と言った明恵に関心をもち、明恵の『夢の記』に自己実現の軌跡を追い、名著『明恵　夢を生きる』（一九八七年、京都松柏社）を著した。その「あとがき」で、

明恵上人という導き手によって、私は今まで、まったく無関心であった仏教の世

界に少しでもはいってゆくことが出来たことを、大変有難いことと感じている。

と述べ、明恵上人を仏教の師と仰いでいる。分析家であるとともに仏者・河合隼雄は、生前から心はすでに浄土を遊戯《ゆげ》していた。

河合氏はユングの言う個性化、あるいは自己実現について、日本人としてはどのように考えるべきか、という終生の課題に対し、日本人の仏教意識から応えた。それは、仏教の側から見れば、仏教をユング心理学という切り口で再認識したということであろう。同時に関係性の喪失、分けることによる弊害、エゴのぶつかり合いという現代の「病」に対し、仏教を提示した意味は大きい。その意味で、彼にとってアメリカ、スイスの旅は大きな意味があった。逆に言えば、それを経ないと仏教に出遇えないのが「現代」なのであろう。

「師のことば」・目幸黙僊師を偲んで

「仏陀は仏教を説かず。しかし、法を説き、道を説く」

目幸黙僊《みゆきもくせん》（一九二八～二〇一六）

この言葉は、詳しくは「仏陀は仏教を説いておられません。しかし、法は説いておられます。それから、道は説いておられます。教えは体をもって実践しておられました」（『動く仏教　実践する仏教』同朋大学文学研究科編、二〇〇五年、法藏館）というものです。仏教学者でユング派分析家の目幸黙僊カリフォルニア州立大学名誉教授の言葉です。先生が二〇〇三年同朋大学で、「動く仏教　実践する仏教」のテーマで、当時の文化庁長官で同じくユング派分析家の河合隼雄氏とともに行った記念シンポジウムの中で述べられた言葉です。

先生は東京大学印度哲学科を出られ、その後、開教使として米国に渡りました。その傍らUCLAでMAの学位を、クレアモント大学院でPh.Dの学位を取り、さらにスイスのユング研究所で日本人二人目のユング派分析家の資格を取得され、米国で活躍しておられました。そして、本年（二〇一六年）四月七日、米国ロサンゼルスにおいて八十八歳で〝真宗大谷派の開教使〟としての生涯を閉じられました。

私は一九八五年、縁あってご実家の大阪市の徳成寺で、先生に出遇いました。その後、一九八八年から二〇一五年まで同朋大学の客員教授にご就任いただき、二十七年間毎夏、集中講義に来ていただき、ご指導いただきました。「教化学講義」や「仏教カウンセリング」を講じていただき、時折、私も学生に混じって聴講させていただきました。また、一九九二年に私が、「デス・エデュケーション」のリサーチでアメリカへ留学したとき、米国でもご指導いただきました。

先生は、東京大学在学中に宮本正尊先生の導きで、住田智見先生のことを知り、住田智見先生の創設になる同朋大学にひときわ深い親しみを持たれ、教化学や実践仏教に共感しておられました。

目幸氏の仏教観は、仏教を「体験するもの」として観ておられたところにあります。普段、会話の中でよく「仏教体験」という表現をしておられました。「仏陀は仏教を説いていない」とは、仏陀は、理論や理屈を説いていないということです。仏陀は法に目覚め、その目覚めた法を説いているのです。そして、その目覚め方、つまり、道を説いているのです。仏陀は実践の人であり、体験の人です。かつて、金子大榮先生が『真宗学序説』（一九六六、文栄堂）で、真宗学とは親鸞について学ぶのではない、親鸞が学ぼうとしていたもの、『教行信証』の中で学ぼうとしていたものを学ぶのです、そして、七祖にその目覚め方を学ぶのですと、おっしゃっていました。仏教の文献や教理も大切ですが、それが目的ではありません。それよりも、法に目覚めることが、救われていく道です。仏教は、理屈ではなく、法に目覚める体験であり、実践です。仏教についての論文を書き、論破することを生業としてきた私にとっては、常に戒められる言葉です。仏教は、悩む人のためにあるのです。学籍に身を置きつつも、悩める自身と、悩める人とともに、生死を超える法に目覚める歩みをしたいと思っています。

■初出一覧

I

〝死〟を想う

月刊『同朋』第六五巻（東本願寺出版）一一号二〇一三年一一月一日

デス・エデュケーション（原題…いのちを考える）

『中日新聞』二〇〇六年一〇月二九日・一一月五日・一一月一二日（掲載順。以下、同）

ある老人ホームの嘱託医からの問い――仏教と在宅医療――

『仏教家庭学校』（教育新潮社）第五十五巻三号二〇一七年五月一日

ビハーラ往生のすすめ

『中日新聞』二〇一二年一二月四日・一二月一一日

臨終まつことなし

『中日新聞』二〇一七年五月二日・五月九日

「津久井やまゆり園」事件に思う

『中日新聞』二〇二〇年七月二一日・七月二八日

『北陸中日新聞』 二〇二〇年七月二一日・七月二八日
『東京新聞』 二〇二〇年七月二七日・八月三日

II

映画『おくりびと』と青木新門著『納棺夫日記』
『東京新聞』夕刊・『中日新聞』夕刊 二〇〇九年四月二日

連城三紀彦さんを偲ぶ――得度記念日に――
『東京新聞』夕刊・『中日新聞』夕刊 二〇一四年二月七日

分析家・河合隼雄と仏教
『東京新聞』夕刊・『中日新聞』夕刊 二〇〇七年一二月二五日

「師のことば」・目幸黙僊師を偲んで
『同朋新聞』 二〇〇六年一〇月一日

〈著者略歴〉

田代俊孝（たしろ しゅんこう）

仁愛大学学長。同朋大学名誉教授。同客員教授。名古屋大学医学部講師。文学博士。行順寺（三重県）住職。日本ペンクラブ会員。1952年生まれ。大谷大学大学院博士後期課程満期退学。カリフォルニア州立大学客員研究員、同朋大学教授、大学院文学研究科長等を経て現職。ビハーラの提唱者の一人。1993 年から 95 年までブラジル・マリンガ大学、トレード大学、サンパウロ大学特別招聘講師。1995 年にハワイ大学(マノア校)サマーセミナー講師。

《主な著書》『親鸞の生と死―デス・エデュケーションの立場から―』『仏教とビハーラ運動―死生学入門―』『ビハーラ往生のすすめ』『唯信鈔文意講義』『親鸞思想の再発見―現代人の仏教体験のために―』『御文に学ぶ―真宗入門―』（以上法藏館）、『親鸞教学の課題と論究』（方丈堂出版）、『愚禿鈔講讃―教相判釈と真宗開顕―』（東本願寺出版）、『BUDDHISM AND DEATH COUNSELING ―Japanese Buddhist Vihara Movement―』（USA Awakening Press:）、『LIVING AND DYING IN BUDDHIST CULTURES』（USA University of Hawaii at Manoa）ほか多数。

暮らしのなかの〈いのち〉論

二〇二一年三月三〇日　初版第一刷発行

著　者　田代俊孝

発行者　光本　稔

発　行　株式会社　方丈堂出版
京都市伏見区日野不動講町三八―二五
郵便番号　六〇一―一四二二
電話　〇七五―五七二―七五〇八

発　売　株式会社　オクターブ
京都市左京区一条寺松原町三一―二
郵便番号　六〇六―八一五六
電話　〇七五―七〇八―七一六八

印刷・製本　株式会社三星社

Printed in Japan

ISBN978-4-89231-220-5